HILDEGARD MÖLLER

EXPRESS ABENDESSEN

FOTOGRAFIE: KLAUS ARRAS, COCO LANG

INHALT

Öffnen Sie die Klappen dieses Buches.
Dort finden Sie die wichtigsten Infos zum Thema auf einen Blick!

DAS PRINZIP: EXPRESS-ABENDESSEN

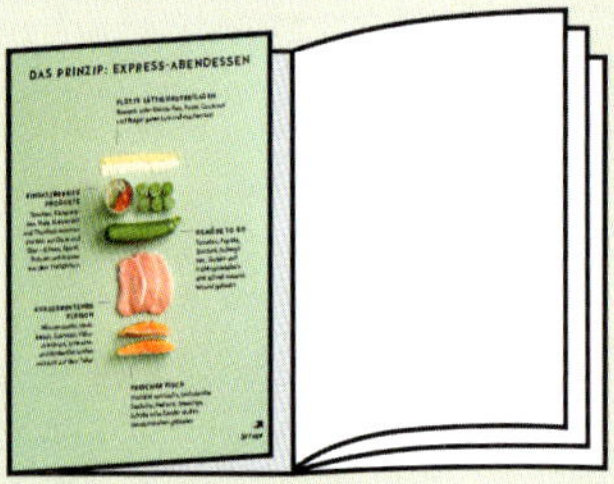

DIE PERFEKTE KOMBI

Immer griffbereit:

SO GEHT'S: SCHNELLE KÜCHE

Immer griffbereit:

SO GEHT'S: FLEISCH & FISCH RICHTIG VORBEREITEN

GU CLOU

Wussten Sie schon, dass ...? Entdecken Sie bei einigen ausgewählten Rezepten ganz besondere Tipps mit verblüffendem Insiderwissen. Aha-Momente garantiert!

Mit diesem Symbol sind alle vegetarischen Gerichte gekennzeichnet.

Die Backzeiten können je nach Herd variieren. Unsere Temperaturangaben beziehen sich auf das Backen im Elektroherd mit Ober- und Unterhitze.

Sammeln Ihrer Lieblingsrezepte mit der »GU Kochen Plus«-App (siehe S. 64)

REZEPTKAPITEL

HILDEGARD MÖLLER

Wenn ich mal wieder den ganzen Tag auf den Beinen war und am Abend nicht mehr stundenlang in der Küche stehen will, sind schnelle Gerichte genau das Richtige für meine After-Work-Küche. Eine sättigende Salat-Bowl, eine leckere Pasta oder ein exotisches Thai-Curry steht dann im Handumdrehen auf dem Tisch!

Schnell und trotzdem lecker – geht das?

Na klar geht das! Ein Express-Abendessen muss nicht aus langweilig belegten Broten bestehen. Auch Pasta, Gemüse, Fleisch und Fisch können mit einer ordentlichen Portion Pfiff in weniger als 30 Minuten auf dem Teller landen. Ob ein Ingwer-Hähnchen oder ein orientalisches Chili: Die Zubereitung eines köstlichen Essens geht oft genauso schnell wie das Aufbacken einer Tiefkühlpizza!

Was ist wichtig dabei?

Das A und O ist eine verlässliche Grundausstattung an Lebensmitteln, aus der man jederzeit in Nullkommanix eine Mahlzeit zubereiten kann. Prüfen Sie daher regelmäßig Ihren Bestand an Produkten im Vorratsschrank und im Tiefkühlfach. Dazu kommt ein- bis zweimal in der Woche ein gut geplanter Einkauf von frischem Gemüse, Fleisch oder Fisch zum Kurzbraten – schon lässt sich die schnelle Abendküche souverän meistern.

Und wenn Gäste zum Essen kommen?

Keine Panik! Wer Familie und Freunde einladen möchte, muss deswegen nicht gleich ewig am Herd stehen. Verwöhnen Sie Ihre Lieben doch mit knuspriger Entenbrust und Mangokompott oder mit einer Fisch-Saltimbocca auf Blattspinat. Auch solche besonderen Gerichte stehen ruckzuck und ohne großes Know-how auf dem Tisch! Wichtig für die gastfreundliche Expressküche ist: nette Extras als Vorrat bereithalten, z. B. Walnüsse und ein gutes Öl zum Aufpeppen für einen frischen Salat oder getrocknete Steinpilze und Pecorino für eine köstliche Blitz-Pasta.

EXPRESS-OMELETT

6 Eier in einer Schüssel aufschlagen.

Mit 2 TL gemischten TK-Kräutern, Salz und Pfeffer würzen.

50 g Bergkäse klein raspeln.

1 EL Butter in einer großen Pfanne schmelzen.

Die Eiermasse hineingeben und bei mittlerer Hitze 2–3 Min. stocken lassen. Den Käse darüberstreuen und schmelzen lassen. Das Omelett mittig umklappen und in zwei Portionen aufteilen.

SALATE & SUPPEN

Für 2 Personen • 25 Min. Zubereitung • Pro Portion ca. 725 kcal, 19 g E, 42 g F, 63 g KH

SALAT-BOWL MIT QUINOA UND ROTER BETE

EINFACH

100 g bunte Quinoa
Salz
150 g vorgegarte Rote Bete (vakuumverpackt)
3 EL Weißweinessig
30 g Walnusskerne
100 g Feldsalat
3 EL Olivenöl
2 EL flüssiger Honig
1 TL süßer Senf
Pfeffer
1 Apfel
100 g Ziegenfrischkäse (Rolle)

GUT ZU WISSEN
Quinoa muss vor dem Garen gründlich mit kaltem Wasser abgebraust werden, bis das Wasser nicht mehr schäumt: So entfernt man die Bitterstoffe aus den Schalen.

1 Die Quinoa in einem feinen Sieb gründlich mit Wasser abbrausen und abtropfen lassen. 200 ml Wasser mit ½ TL Salz in einem Topf aufkochen, Quinoa hineingeben und bei mittlerer Hitze nach Packungsanweisung ca. 15 Min. zugedeckt darin garen, bis das Wasser ganz aufgesogen ist. Vom Herd nehmen.

2 Inzwischen die Rote Bete in ca. 2 cm große Würfel schneiden (dabei am besten Einmalhandschuhe tragen, da Rote Bete stark abfärbt). In einer Schüssel mit 2 EL Essig mischen und beiseitestellen. Die Walnusskerne grob hacken und in einer Pfanne ohne Fett rösten, dann herausnehmen. Den Feldsalat verlesen, putzen, waschen und trocken schleudern.

3 Für das Dressing das Olivenöl mit dem übrigen Essig (1 EL), 1 EL Honig und dem Senf verrühren, mit Salz und Pfeffer abschmecken. Apfel waschen, vierteln und vom Kerngehäuse befreien. Die Apfelviertel in ca. 0,5 cm schmale Spalten schneiden und nach Belieben klein würfeln.

4 Quinoa im Topf mit einer Gabel auflockern und kurz ausdampfen lassen. Mit der Roten Bete, den Apfelscheiben und dem Feldsalat nebeneinander in zwei Schalen anrichten. Das Dressing darüberträufeln, Ziegenfrischkäse in Scheiben schneiden und mit den gerösteten Walnusskernen auf die Bowls geben. Den Ziegenkäse mit dem übrigen Honig (1 EL) beträufeln.

Für 2 Personen • 20 Min. Zubereitung • Pro Portion ca. 425 kcal, 8 g E, 11 g F, 70 g KH

THAI-SALAT MIT MANGO

ASIATISCH

100 g Reisbandnudeln
1 Salatgurke
2 Frühlingszwiebeln
1 kleine reife Mango
1 Stück Ingwer (ca. 2 cm lang)
1 Bund Koriandergrün
2 EL Sesamöl
2 EL Sojasauce
1 EL flüssiger Honig
1 TL Chiliflocken
Salz, Pfeffer

1 Die Reisbandnudeln nach Packungsanweisung garen. Dann in ein Sieb abgießen, kalt abbrausen, gut abtropfen lassen und in ca. 5 cm lange Stücke schneiden.

2 Inzwischen die Salatgurke schälen und quer halbieren. Mit einem Spiralschneider oder Sparschäler in dünne, breite Streifen schneiden. Die Frühlingszwiebeln putzen, waschen und mitsamt Grün in feine Ringe schneiden. Die Mango schälen, das Fruchtfleisch bis zum Stein in dünnen Scheiben abschneiden und diese ca. 1 cm groß würfeln. Den Ingwer schälen und fein hacken. Das Koriandergrün waschen und trocken schütteln, die Blättchen abzupfen und grob hacken. Gurke, Frühlingszwiebeln, Mango, Ingwer und Koriandergrün mit den Nudeln mischen.

3 Sesamöl mit Sojasauce, Honig und Chiliflocken verrühren und mit dem Salat vermengen. Mit Salz und Pfeffer abschmecken.

Für 2 Personen • 20 Min. Zubereitung • Pro Portion ca. 810 kcal, 25 g E, 40 g F, 83 g KH

GNOCCHI-SALAT

AUS ITALIEN

2 Frühlingszwiebeln
1 kleines Bund Rucola (ca. 50 g)
40 g Parmesan
4 Sardellenfilets (in Öl)
70 g getrocknete Tomaten (in Öl)
5 EL Olivenöl
400 g Gnocchi (Kühlregal)
2 EL Aceto balsamico bianco
1 TL getrocknete italienische Kräuter
Salz, Pfeffer
20 g Pinienkerne

1 Die Frühlingszwiebeln putzen, waschen und mitsamt Grün in feine Ringe schneiden. Den Rucola waschen, trocken schütteln und die groben Stiele entfernen. Den Parmesan fein reiben, die Sardellenfilets abtropfen lassen und klein hacken. Die getrockneten Tomaten in einem Sieb abtropfen lassen und in feine Streifen schneiden.

2 Eine Pfanne mit 1 EL Öl erhitzen, die Gnocchi darin bei mittlerer Hitze in ca. 2 Min. goldgelb braten. In einer Schüssel mit Tomaten, Frühlingszwiebeln, Rucola und Sardellen mischen. Das übrige Öl (4 EL) mit dem Essig und den italienischen Kräutern mischen, salzen und pfeffern. Das Dressing unter den Gnocchi-Salat mengen. Die Pinienkerne in einer Pfanne ohne Fett hellbraun rösten und mit dem Parmesan über den Gnocchi-Salat streuen.

Für 2 Personen • 25 Min. Zubereitung • Pro Portion ca. 505 kcal, 22 g E, 33 g F, 27 g KH

BOHNENSALAT MIT PESTO

MEDITERRAN

1 Dose weiße Bohnen (250 g Abtropfgewicht)
50 g getrocknete Tomaten (in Öl)
1 gelbe Paprika
2 große Frühlingszwiebeln
100 g Kirschtomaten
½ Bund Basilikum
20 g Pinienkerne
3 EL Olivenöl
1 Knoblauchzehe
Salz, Pfeffer
100 g Schafskäse (z. B. Feta)

TAUSCH-TIPP
Noch schneller geht's mit fertigem Basilikumpesto: einfach mit 2–3 EL Öl von den getrockneten Tomaten verrühren und unter den Salat mischen.

1 Bohnen in ein Sieb abgießen, kalt abbrausen und abtropfen lassen, dann in eine Salatschüssel geben. Die getrockneten Tomaten in ein Sieb abgießen, abtropfen lassen und dabei das Öl auffangen. Tomaten in Streifen schneiden und zu den Bohnen geben. Die Paprika waschen, vierteln und die weißen Trennwände und Kerne entfernen. Die Paprikaviertel in schmale Streifen schneiden und ebenfalls in die Salatschüssel geben. Frühlingszwiebeln putzen, waschen, mitsamt Grün in feine Ringe schneiden und dazugeben. Kirschtomaten waschen, halbieren und mit den anderen Zutaten in der Schüssel vermischen.

2 Für das Pesto das Basilikum waschen und trocken schütteln, die Blättchen abzupfen und in einen hohen Rührbecher füllen. Die Pinienkerne in einer Pfanne ohne Fett rösten und zum Basilikum geben, das Olivenöl und 2 EL Tomaten-Öl dazugießen. Die Knoblauchzehe schälen, grob hacken und zugeben. Alles mit Salz und einer kräftigen Prise Pfeffer würzen und mit einem Pürierstab zu einem cremigen Pesto verarbeiten. Mit Salz und Pfeffer abschmecken. Das Pesto-Dressing unter die Salatzutaten mengen und den Schafskäse darüberbröseln.

Für 2 Personen • 20 Min. Zubereitung •
Pro Portion ca. 545 kcal, 15 g E, 44 g F, 20 g KH

KOKOS-ERBSEN-SUPPE

LEICHT GEMACHT

1 kleine Stange Lauch (ca. 150 g) • 1 Zwiebel • 1 Knoblauchzehe • 1 Stück Ingwer (ca. 3 cm lang) • 1 EL Öl • 300 ml Gemüsebrühe • 150 g TK-Erbsen • 1 Dose Kokosmilch (400 g) • ½ Bund Schnittlauch • 1 EL Limettensaft • Salz, Pfeffer

1 Lauch putzen, waschen und in Ringe schneiden. Zwiebel, Knoblauch und Ingwer schälen, alles klein würfeln und in einem Topf in Öl anbraten. Lauch zugeben, Brühe zugießen und aufkochen. Zugedeckt ca. 5 Min. garen, 100 g Erbsen hinzufügen und weitere 5 Min. köcheln.

2 Suppe fein pürieren, Kokosmilch und restliche Erbsen (50 g) zugeben, kurz aufkochen lassen und ca. 3 Min. köcheln. Schnittlauch waschen, trocken schütteln und in Röllchen schneiden. Die Suppe mit Limettensaft, Salz und Pfeffer abschmecken und mit Schnittlauch bestreuen.

Für 2 Personen • 20 Min. Zubereitung •
Pro Portion ca. 210 kcal, 9 g E, 8 g F, 22 g KH

KICHERERBSEN-SUPPE

AUS MAROKKO

1 Dose Kichererbsen (240 g Abtropfgewicht) • 100 g Kirschtomaten • 1 Möhre • 1 Zwiebel • 1 Knoblauchzehe • 1 EL Olivenöl • 100 g TK-Blattspinat • 2 TL gemahlene Kurkuma • 1 TL gemahlener Kreuzkümmel • 500 ml Gemüsebrühe • Salz, Pfeffer

1 Kichererbsen abgießen, kalt abbrausen und abtropfen lassen. Tomaten waschen und halbieren. Möhre putzen, schälen und in dünne Scheiben schneiden. Zwiebel und Knoblauch schälen und klein würfeln. Einen Topf mit Öl erhitzen, Zwiebel und Knoblauch darin andünsten.

2 Den gefrorenen Spinat, Möhren und Kirschtomaten zugeben, mit Kurkuma und Kreuzkümmel bestäuben. Die Kichererbsen hinzufügen und die Brühe angießen. Alles aufkochen lassen und die Kichererbsensuppe ca. 5 Min. zugedeckt köcheln lassen. Mit Salz und Pfeffer abschmecken.

*Für 2 Personen • 25 Min. Zubereitung •
Pro Portion ca. 285 kcal, 5 g E, 12 g F, 39 g KH*

KÜRBIS-APFEL-SUPPE

HERBST-REZEPT

350 g Hokkaido-Kürbis • 1 Apfel • 1 Zwiebel • 1 Knoblauchzehe • 2 EL Öl • 400 ml Gemüsebrühe • 1 Bio-Zitrone • 2 EL Semmelbrösel • 1 TL Chiliflocken • Salz, Pfeffer • 2 EL Joghurt

1 Kürbis und Apfel waschen, putzen, entkernen und mit Schale ca. 3 cm groß würfeln. Zwiebel und Knoblauch schälen, klein würfeln. Mit Kürbis- und Apfelwürfeln ca. 1 Min. in 1 EL Öl anbraten. Brühe zugießen, ca. 10 Min. zugedeckt köcheln.

2 Inzwischen Zitrone heiß waschen, trocken tupfen, 1 TL Schale abreiben und 1–2 EL Saft auspressen. Semmelbrösel und Chiliflocken in einer Pfanne im übrigen Öl (1 EL) knusprig rösten. ½ TL Salz und Zitronenabrieb unterrühren, dann aus der Pfanne nehmen. Die Suppe mit einem Pürierstab fein pürieren, mit Salz, Pfeffer und Zitronensaft abschmecken. Je 1 EL Joghurt daraufgeben und mit den Chilibröseln bestreuen.

*Für 2 Personen • 25 Min. Zubereitung •
Pro Portion ca. 510 kcal, 17 g E, 27 g F, 48 g KH*

KARTOFFELSUPPE MIT SPECK

EINFACH

500 g mehligkochende Kartoffeln • 1 kleine Dose Mais (140 g Abtropfgewicht) • 2 Zwiebeln • 2 EL Öl • 1 Lorbeerblatt • 500 ml Gemüsebrühe • 60 g Speckwürfel • 2 EL TK-Schnittlauch (gehackt) • 50 g Sahne • ½ TL frisch geriebene Muskatnuss • Salz, Pfeffer

1 Kartoffeln schälen, waschen und klein würfeln. Mais abgießen, abtropfen lassen. Zwiebeln schälen, klein würfeln und in einem Topf in 1 EL Öl andünsten. Kartoffeln, Lorbeerblatt und Brühe zugeben, ca. 10 Min. zugedeckt köcheln, dabei nach ca. 8 Min. den Mais (bis auf 2 EL) zugeben.

2 Inzwischen Speck in 1 EL Öl knusprig braten. Übrigen Mais und Schnittlauch kurz mit erhitzen. Lorbeerblatt aus der Suppe nehmen, Sahne zugießen und die Suppe fein pürieren. Mit Muskat, Salz und Pfeffer abschmecken. Die Mais-Speck-Mischung daraufgeben und servieren.

STULLEN, SANDWICHES & WRAPS

Für 2 Personen • 15 Min. Zubereitung • Pro Portion ca. 530 kcal, 24 g E, 15 g F, 72 g KH

LACHS-WRAPS

LEICHT GEMACHT

1 Römersalatherz (ca. 80 g)
1 Orange
4 EL saure Sahne
2 EL süßer Senf
2 EL flüssiger Honig
1 EL Zitronensaft
Salz, Pfeffer
2 große Tortillas (Weizenfladen)
100 g geräucherter Lachs (in Scheiben)

AUSSERDEM

Butterbrotpapier (nach Belieben)

1 Salat putzen, waschen, trocken schleudern und in mundgerechte Streifen schneiden. Orange mit einem scharfen Messer so schälen, dass auch die weiße Haut mit entfernt wird. Orange in Spalten teilen und diese quer in schmale Scheiben schneiden. Die saure Sahne mit Senf, Honig und Zitronensaft verrühren, mit Salz und Pfeffer würzen.

2 Eine große Pfanne erhitzen und die Tortillas darin nacheinander nach Packungsanweisung von beiden Seiten jeweils ca. 30 Sek. erhitzen. Danach herausnehmen und mit der Honig-Senfmischung bestreichen. Die Lachsscheiben in kleine Stücke reißen und darauflegen. Die Salatstreifen und die Orangenscheiben darauf verteilen und die Tortillas fest einrollen. Zum Servieren die Tortillas mit einem scharfen Messer halbieren. Tortillas am unteren Ende nach Belieben mit Butterbrotpapier umwickeln.

Für 2 Personen • 25 Min. Zubereitung • Pro Portion ca. 680 kcal, 49 g E, 26 g F, 58 g KH

BURRITOS MIT ERDNUSS-SAUCE

TEX-MEX

1 Römersalatherz (ca. 80 g)
1 rote Paprika
1 Hähnchenbrustfilet (ca. 220 g)
3 TL Sojasauce
1 EL Öl
50 g Erdnussmus
125 g Joghurt
Salz, Pfeffer
1 TL flüssiger Honig
2 große Tortillas (Weizenfladen)
50 g geriebener Gouda

1 Den Salat putzen, waschen, trocken schleudern und in Streifen schneiden. Die Paprika waschen, vierteln, putzen und in Streifen schneiden. Das Hähnchenfleisch trocken tupfen, zuerst in ca. 1 cm dicke Scheiben, dann in Streifen schneiden. Mit Sojasauce vermengen. Eine Pfanne mit Öl erhitzen, das Fleisch in ca. 4 Min. goldbraun darin anbraten. Inzwischen Erdnussmus mit Joghurt glatt rühren, salzen und pfeffern. Das Fleisch mit Pfeffer würzen, Honig unterrühren und in einem Teller abgedeckt beiseitestellen.

2 Pfanne mit Küchenpapier auswischen, erneut erhitzen und die Tortillas darin nacheinander nach Packungsanweisung von beiden Seiten jeweils ca. 30 Sek. erhitzen. Jeweils die Hälfte Käse darüberstreuen und zugedeckt schmelzen lassen. Die Tortillas herausnehmen, mittig jeweils mit einem Streifen aus der Hälfte Salat-, Paprika- und Hähnchenstreifen belegen und jeweils die Hälfte Erdnuss-Sauce darauf verteilen. Tortillas seitlich einklappen und aufrollen.

*Für 2 Personen • 15 Min. Zubereitung •
Pro Portion ca. 770 kcal, 42 g E, 43 g F, 53 g KH*

CHORIZO-RÜHREI-STULLE

SPANISCH

80 g Chorizo (scharfe spanische Paprikawurst) • 4 Eier • 2 EL Sahne • Salz, Pfeffer • 1 EL Butter • 80 g geriebener Gouda • ½ Bund Schnittlauch • 4 Scheiben Bauernbrot (je ca. 60 g)

1 Chorizo zuerst in Scheiben, dann in Streifen schneiden. Die Eier in einer Schüssel verquirlen, Sahne unterrühren, mit Salz und Pfeffer würzen. Die Butter in einer Pfanne erhitzen. Die Wurststreifen hineingeben und unter Rühren bei mittlerer Hitze ca. 30 Sek. anbraten. Die Eiermasse dazugießen und den Käse darüberstreuen.

2 Die Eiermischung 2–3 Min. braten, bis das Ei gestockt, aber noch nicht zu trocken ist, dabei mehrfach durchrühren. Inzwischen Schnittlauch waschen, trocken schütteln und in Röllchen schneiden. Das Chorizo-Rührei auf die Brotscheiben verteilen. Mit dem Schnittlauch bestreuen.

*Für 2 Personen • 10 Min. Zubereitung •
Pro Portion ca. 610 kcal, 26 g E, 29 g F, 61 g KH*

ROASTBEEF-STULLE

KLASSIKER

4 Blätter Kopfsalat • 12 Cornichons • 4 EL Salatmayonnaise • 4 EL Hüttenkäse • 4 TL Meerrettich (aus dem Glas) • 1 Kästchen Kresse • Salz, Pfeffer • 4 Scheiben Graubrot (je ca. 60 g) • 8 Scheiben Roastbeef-Aufschnitt

1 Die Salatblätter waschen und trocken schütteln. Die Cornichons im Sieb abtropfen lassen und längs in dünne Scheiben schneiden. Die Salatmayonnaise mit Hüttenkäse und Meerrettich verrühren. Die Kresse waschen, trocken schütteln, die Hälfte vom Beet schneiden und unterrühren, mit Salz und Pfeffer würzen.

2 Die Brotscheiben jeweils mit der Hälfte der Mayonnaise-Mischung bestreichen. Cornichons darauf verteilen. Die Brote mit je 1 Salatblatt und 2 Scheiben Roastbeef belegen. Mit der übrigen Mayonnaise-Mischung bestreichen. Die restliche Kresse vom Beet schneiden und darüberstreuen.

Für 2 Personen • 20 Min. Zubereitung •
Pro Portion ca. 565 kcal, 32 g E, 27 g F, 43 g KH

THUNFISCH-KAPERN-SANDWICH

AUS ITALIEN

2 Eier • 1 Dose Thunfisch (im eigenen Saft, ca. 140 g Abtropfgewicht) • 1 EL Kapern • 2 EL Joghurt • 2 EL Mayonnaise • 2 EL TK-Schnittlauch (gehackt) • Salz, Pfeffer • 2 Tomaten • 2 Blätter Salat (z. B. Eisberg- oder Römersalat) • 4 Scheiben Sandwich-Toastbrot

1 Eier in ca. 10 Min. hart kochen und in kaltem Wasser abkühlen lassen. Thunfisch und Kapern abtropfen lassen und mit Joghurt, Mayonnaise und Schnittlauch glatt rühren, salzen und pfeffern. Tomaten waschen und putzen, mit den Eiern in Scheiben schneiden. Salatblätter waschen, trocken tupfen und in Streifen schneiden.

2 Toastbrote toasten, 2 Scheiben mit der Hälfte der Thunfischcreme bestreichen. Mit Salat, Tomaten und Ei belegen. Übrige Creme darauf verteilen, je 1 Brotscheibe darauflegen, leicht andrücken. Beide Sandwiches diagonal halbieren.

Für 2 Personen • 15 Min. Zubereitung •
Pro Portion ca. 705 kcal, 34 g E, 40 g F, 48 g KH

AUBERGINEN-SANDWICH

AROMATISCH

1 Handvoll Rucola (ca. 20 g) • 60 g getrocknete Tomaten (in Öl) • 1 Aubergine (ca. 200 g) • Salz, Pfeffer • 2 EL Olivenöl • 2 Scheiben Halloumi (ca. 200 g) • 4 Scheiben Vollkorn-Sandwich-Toastbrot

1 Rucola waschen, trocken schütteln und grobe Stiele entfernen. Tomaten abtropfen lassen, dabei 2 EL des Öls auffangen. Tomaten in Streifen schneiden. Aubergine waschen, putzen, quer in ca. 1 cm dicke Scheiben schneiden, salzen und pfeffern. Aubergine in einer Pfanne mit 1 EL Öl goldbraun braten, auf Küchenpapier abtropfen lassen. Halloumi in 1 EL Öl goldbraun braten.

2 Toastbrote toasten und mit dem Tomaten-Öl einpinseln. 2 Toastbrote mit Rucola, Tomaten, Halloumi und Aubergine belegen. Je 1 Toast darauflegen, leicht andrücken und beide Sandwiches diagonal halbieren.

Für 2 Personen • 20 Min. Zubereitung • Pro Portion ca. 700 kcal, 23 g E, 47 g F, 45 g KH

SÜSSKARTOFFEL-TOASTS MIT AVOCADO-HUMMUS

EINFACH

250 g Süßkartoffeln
1 Dose Kichererbsen (240 g Abtropfgewicht)
1 Knoblauchzehe
1 reife Avocado
2 EL Olivenöl
Chiliflocken
Salz, Pfeffer
3 EL Limettensaft
4 Eier
¼ Bund Schnittlauch

1 Für die Toasts die Süßkartoffeln gründlich waschen und trocken tupfen. Dann mit Schale längs in ca. 1 cm dicke Scheiben schneiden und dreimal auf höchster Stufe toasten, bis die Scheiben schön weich sind und bräunlich aussehen.

2 Inzwischen für das Hummus die Kichererbsen in ein Sieb abgießen, kalt abbrausen und abtropfen lassen. Den Knoblauch schälen und grob hacken. Die Avocado halbieren und den Kern entfernen. Das Fruchtfleisch mit einem Teelöffel aus der Schale lösen und in grobe Stücke schneiden.

3 Die Avocadostücke in einen Rührbecher geben. 1 EL Olivenöl, Kichererbsen, Knoblauch und Chiliflocken hinzufügen. Alles mit einem Pürierstab fein pürieren, mit Salz, Pfeffer und Limettensaft abschmecken.

4 Das übrige Öl (1 EL) in einer Pfanne erhitzen. Die Eier darin aufschlagen und zugedeckt braten. Den Schnittlauch waschen, trocken schütteln und in Röllchen schneiden. Die getoasteten Süßkartoffelscheiben dick mit dem Avocado-Hummus bestreichen. Die Spiegeleier salzen und daraufgeben, mit den Schnittlauchröllchen bestreuen.

GU CLOU

Richtig gelesen: In diesem Rezept wird die Süßkartoffel ganz einfach im Toaster gegart – einfacher geht's nicht! Belegen Sie die Veggie-Toasts nach Lust, Laune und Vorrat: ob pur, mit Frischkäse, Tomaten und Basilikum, mit Gemüseaufstrichen oder als süße Variante mit Sahnequark und frischem Obst … Express-Abendessen at its best!

PASTA, REIS & CO

Für 2 Personen • 25 Min. Zubereitung • Pro Portion ca. 670 kcal, 28 g E, 23 g F, 83 g KH

SPINAT-TOMATEN-PASTA

AUS DEM VORRAT

Salz
200 g Bandnudeln (z. B. Tagliatelle oder Fettuccine)
20 g Pinienkerne
1 Zwiebel
1 Knoblauchzehe
60 g getrocknete Tomaten (in Öl)
200 g TK-Blattspinat
150 ml Gemüsebrühe
40 g Parmesan
60 g Frischkäse
Pfeffer

1 2 l Wasser im Wasserkocher aufkochen, in einen Topf umfüllen, salzen und erneut aufkochen. Die Nudeln nach Packungsanweisung darin al dente garen. Inzwischen die Pinienkerne in einer Pfanne ohne Fett hellbraun rösten, dann herausnehmen. Zwiebel und Knoblauch schälen und fein würfeln. Die Tomaten in einem Sieb abtropfen lassen, dabei 1 EL Tomaten-Öl auffangen. Die Tomaten in Streifen schneiden.

2 Das aufgefangene Tomaten-Öl in einem Topf erhitzen. Die Zwiebel, den Knoblauch und die Tomaten darin bei mittlerer Hitze andünsten. Den gefrorenen Spinat zugeben und die Brühe angießen. Alles aufkochen und zugedeckt ca. 10 Min. köcheln lassen, bis der Spinat aufgetaut ist.

3 Inzwischen den Parmesan in Späne hobeln. Den Frischkäse in die Spinat-Tomatensauce rühren, mit Salz und Pfeffer abschmecken. Die Nudeln in ein Sieb abgießen und tropfnass dazugeben, mit der Sauce mischen. Die Pasta auf zwei Teller verteilen und mit Parmesan und Pinienkernen bestreuen.

Für 2 Personen • 20 Min. Zubereitung • Pro Portion ca. 710 kcal, 25 g E, 24 g F, 94 g KH

SPAGHETTI ALL'ARRABBIATA

SCHARF

Salz
200 g Spaghetti
1 Zwiebel
1 Knoblauchzehe
40 g Datteln (entsteint)
2 EL Olivenöl
50 g Speckwürfel
1 TL Chiliflocken
1 TL Fenchelsamen
1 Dose stückige Tomaten (400 g)
Pfeffer
30 g Pecorino

1 2 l Wasser im Wasserkocher aufkochen, in einen Topf umfüllen, salzen und erneut aufkochen. Die Spaghetti darin nach Packungsanweisung al dente garen. Inzwischen die Zwiebel und den Knoblauch schälen und fein würfeln. Die Datteln ca. 0,5 cm groß würfeln.

2 1 EL Öl in einer Pfanne erhitzen und die Speckwürfel darin bei starker Hitze ca. 1 Min. rundum anbraten. Chiliflocken und Fenchelsamen dazugeben und unter Rühren ca. 30 Sek. mitbraten. Das übrige Öl (1 EL) dazugießen, Zwiebel und Knoblauch zugeben und glasig dünsten. Datteln und Tomaten hinzufügen und alles zugedeckt ca. 7 Min. köcheln lassen. Mit Salz und Pfeffer würzen.

3 Den Pecorino in Späne hobeln. Die Nudeln in ein Sieb abgießen, abtropfen lassen und auf zwei Teller verteilen. Die Dattel-Speck-Arrabbiata darübergeben und mit Pecorino bestreuen.

Für 2 Personen • 25 Min. Zubereitung • Pro Portion ca. 645 kcal, 20 g E, 25 g F, 82 g KH

PASTA MIT AUBERGINEN-SUGO

ITALIENISCH

Salz
200 g kurze Nudeln (z. B. Makkaroni, Casarecce)
1 Zwiebel
1 Knoblauchzehe
1 Aubergine (ca. 200 g)
3 EL Olivenöl
1 EL Tomatenmark
1 Dose stückige Tomaten (400 g)
Pfeffer
3 Stängel Basilikum
100 g Ricotta

1 2 l Wasser im Wasserkocher aufkochen, in einen Topf umfüllen, salzen und erneut aufkochen. Die Nudeln darin nach Packungsanweisung al dente garen. Inzwischen Zwiebel und Knoblauch schälen, klein würfeln. Aubergine waschen, putzen und 1–2 cm groß würfeln.

2 In einer großen Pfanne 2 EL Öl erhitzen. Die Auberginenwürfel ca. 5 Min. bei mittlerer Hitze rundum darin anbraten. Das übrige Öl (1 EL), Zwiebel und Knoblauch zugeben und alles ca. 3 Min. weiterbraten. Das Tomatenmark einrühren, die Tomaten und 100 ml Nudel-Kochwasser hinzufügen. Mit Salz und Pfeffer würzen und ca. 5 Min. zugedeckt köcheln. Das Basilikum waschen, trocken schütteln, Blättchen abzupfen und kleiner reißen. Die Nudeln abgießen, abtropfen lassen und mit der Sauce vermischen. Die Pasta auf Teller verteilen, Ricotta in Klecksen daraufgeben und Basilikum darüberstreuen.

Für 2 Personen • 20 Min. Zubereitung • Pro Portion ca. 585 kcal, 26 g E, 28 g F, 57 g KH

GNOCCHI MIT STEINPILZEN, ZUCCHINI UND SCHINKEN

LEICHT GEMACHT

20 g getrocknete Steinpilze
1 Zucchino (ca. 200 g)
40 g Parmesan
1 EL Olivenöl
Salz, Pfeffer
2 EL Butter
300 g Gnocchi (Kühlregal)
60 g luftgetrockneter Schinken (z. B. Parma- oder Serranoschinken)

1 150 ml Wasser im Wasserkocher aufkochen. Die Steinpilze in einen hohen Rührbecher geben, das kochende Wasser zu den Pilzen gießen und die Steinpilze ca. 15 Min. darin einweichen lassen. Währenddessen den Zucchino waschen, putzen und in ca. 0,5 cm dicke Scheiben schneiden. Den Parmesan mit einem Gemüsehobel oder einem Sparschäler in dünne Späne hobeln.

2 Das Öl in einer Pfanne erhitzen. Den Zucchino darin bei mittlerer Hitze rundherum hellbraun anbraten, mit Salz und Pfeffer würzen, dann herausnehmen. Die Butter in der Pfanne erhitzen. Die Gnocchi hineingeben und darin bei mittlerer Hitze ca. 2 Min. rundherum goldbraun braten. Den Zucchino untermischen und die Hitze reduzieren.

3 Die Pilze mitsamt dem Einweichwasser mit einem Pürierstab fein pürieren und unter die Gnocchi-Zucchini-Mischung rühren. Alles mit Salz und Pfeffer abschmecken und auf zwei Teller verteilen. Den Schinken mit den Fingern grob zerzupfen und darübergeben. Die Gnocchi mit den Parmesanspänen bestreuen.

Für 2 Personen • 30 Min. Zubereitung • Pro Portion ca. 760 kcal, 23 g E, 45 g F, 65 g KH

SCHUPFNUDEL-PFANNE

EINFACH

1 Zwiebel
1 rote Paprika
150 g rohe Bratwurst
2 EL Butter
350 g Schupfnudeln (Kühlregal)
2 TL rosenscharfes Paprikapulver
2 TL getrockneter Oregano
2 EL Tomatenmark
200 ml Rinderbrühe
Salz, Pfeffer
80 g Schafskäse (z. B. Feta)

1 Die Zwiebel schälen und fein würfeln. Die Paprika waschen und vierteln, weiße Trennwände und Kerne entfernen. Die Paprikaviertel in mundgerechte Streifen schneiden. Die Bratwurst an einem Ende aufschneiden und die Füllung in kleinen Stücken aus der Pelle drücken. 1 EL Butter in einer Pfanne erhitzen. Die Schupfnudeln darin ca. 5 Min. rundum bei mittlerer Hitze anbraten, bis sie leicht gebräunt sind, dann herausnehmen.

2 Die übrige Butter (1 EL) in der Pfanne schmelzen lassen und die Bratwurststücke ca. 2 Min. kräftig darin anbraten. Zwiebelwürfel und Paprikastreifen zugeben und andünsten. Mit dem Paprikapulver bestäuben, Oregano und Tomatenmark unterrühren. Brühe angießen und alles ca. 5 Min. zugedeckt bei schwacher Hitze garen. Mit Salz und Pfeffer abschmecken, die Schupfnudeln untermischen und in ca. 1 Min. heiß werden lassen. Alles auf Teller verteilen und Schafskäse darüberbröseln. Nach Belieben mit Petersilie bestreuen.

Für 2 Personen • 25 Min. Zubereitung • Pro Portion ca. 695 kcal, 50 g E, 30 g F, 53 g KH

GESCHNETZELTES MIT SPÄTZLE

KLASSIKER

300 g Champignons
1 Zwiebel
2 Schweineschnitzel (ca. 300 g)
2 EL Öl
Salz, Pfeffer
300 g Spätzle
2 TL Mehl
1 EL Aceto balsamico
200 ml Rinderbrühe
100 g Schmand
3 Stängel Petersilie

1 Die Champignons putzen und in Scheiben schneiden. Die Zwiebel schälen und klein würfeln. Schnitzel trocken tupfen und quer zur Faser in mundgerechte Streifen schneiden. 1 EL Öl in einer Pfanne erhitzen und die Schnitzelstreifen ca. 3 Min. kräftig darin anbraten. Mit Salz und Pfeffer würzen, dann herausnehmen.

2 1 l Wasser im Wasserkocher aufkochen, in einen Topf umfüllen, salzen und erneut aufkochen. Spätzle darin nach Packungsanweisung garen. Pfanne mit Küchenpapier auswischen, Champignons und Zwiebel darin im übrigen Öl (1 EL) goldbraun braten, salzen und pfeffern. Mehl darüberstäuben, Essig und Brühe zugießen und aufkochen lassen. Schmand unterrühren, Fleisch zugeben und heiß werden lassen. Alles mit Salz und Pfeffer abschmecken. Petersilie waschen, trocken schütteln, Blättchen abzupfen und klein hacken. Spätzle in ein Sieb abgießen, abtropfen lassen und mit dem Geschnetzelten auf zwei Tellern anrichten. Mit Petersilie bestreuen.

Für 2 Personen • 25 Min. Zubereitung • Pro Portion ca. 690 kcal, 17 g E, 40 g F, 64 g KH

ASIA-POLENTA MIT KOKOSMILCH UND PILZEN

PIKANT

250 g kleine braune Champignons
3 Knoblauchzehen
1 Stück Ingwer (ca. 4 cm lang)
2 Frühlingszwiebeln
2 EL Öl
2 TL Chiliflocken
125 g Instant-Polenta (Maisgrieß)
300 g Kokosmilch
Salz, Pfeffer
1 Zwiebel
2 EL Sojasauce

TIPP

Noch Kokosmilch übrig? Dann einfach im Eiswürfelbehälter gefrieren lassen: schmeckt im Eiskaffee oder im Smoothie und eignet sich zum Verfeinern von Currys.

1 Die Champignons mit einem Küchenpapier sauber reiben, die Stiele einkürzen und die Pilze längs vierteln. Knoblauch und Ingwer schälen und beides sehr fein würfeln. Die Frühlingszwiebeln putzen, waschen und mitsamt Grün schräg in ca. 3 cm große Stücke schneiden.

2 1 EL Öl in einem Topf erhitzen. Jeweils die Hälfte von Knoblauch und Ingwer bei mittlerer Hitze ca. 1 Min. darin andünsten. 1 TL Chiliflocken unterrühren. Die Polenta zugeben und unter Rühren kurz mitdünsten. Dann 300 ml Wasser und die Kokosmilch dazugießen und zum Kochen bringen. Alles mit Salz und Pfeffer würzen und die Polenta zugedeckt bei schwacher Hitze ca. 5 Min. ausquellen lassen, sodass sie nicht ganz fest, sondern noch leicht cremig ist.

3 Inzwischen die Zwiebel schälen, halbieren und in schmale Streifen schneiden. Das restliche Öl (1 EL) in einer Pfanne erhitzen. Zwiebel, übrigen Knoblauch und Ingwer bei mittlerer Hitze ca. 1 Min. darin andünsten. Dann die restlichen Chiliflocken (1 TL) unterrühren, die Pilze und die Frühlingszwiebeln zugeben und alles ca. 3 Min weiterbraten. Die Sojasauce unterrühren, mit Salz und Pfeffer würzen. Die Polenta auf Teller verteilen und mit dem Pilzgemüse anrichten.

Für 2 Personen • 30 Min. Zubereitung • Pro Portion ca. 685 kcal, 26 g E, 31 g F, 65 g KH

RISOTTO »CAPRESE STYLE«

ITALIENISCH

500 ml Gemüsebrühe
200 g Kirschtomaten
1 Zwiebel
1 Knoblauchzehe
2 EL Butter
150 g Risotto-Reis (z. B. Arborio)
75 ml trockener Weißwein
125 g Mozzarella
40 g Parmesan
½ Bund Basilikum
Salz, Pfeffer

1 Die Brühe erhitzen und zugedeckt warm halten. Die Tomaten waschen und halbieren. Zwiebel und Knoblauch schälen, beides fein würfeln. 1 EL Butter in einem Topf erhitzen, Zwiebel und Knoblauch darin glasig dünsten. Den Risotto-Reis kurz mit andünsten. Wein dazugießen und offen bei schwacher Hitze unter Rühren vollständig einkochen lassen. Etwa ein Drittel der Gemüsebrühe angießen und alles ca. 15 Min. offen sanft köcheln lassen, dabei nach und nach die restliche Brühe dazugießen und immer wieder umrühren.

2 Tomaten untermengen und alles ca. 5 Min. weitergaren. Inzwischen Mozzarella klein würfeln. Parmesan fein reiben, 2 EL davon beiseitestellen, den restlichen Parmesan mit dem Mozzarella und der übrigen Butter (1 EL) unter das Risotto rühren. Basilikum waschen, trocken schütteln, Blättchen abzupfen, in Streifen schneiden und unterrühren, mit Salz und Pfeffer abschmecken. Das Risotto auf zwei Tellern anrichten und mit dem übrigen Parmesan bestreuen.

Für 2 Personen • 25 Min. Zubereitung • Pro Portion ca. 420 kcal, 31 g E, 21 g F, 24 g KH

ORIENTALISCHES CHILI

LEICHT GEMACHT

1 rote Paprika
1 kleine Dose Kichererbsen (130 g Abtropfgewicht)
1 Knoblauchzehe
1 EL Olivenöl
200 g Rinderhackfleisch
Salz, Pfeffer
1 TL Chiliflocken
½ TL Zimt
1 TL gemahlener Kreuzkümmel
500 g passierte Tomaten (Tetrapack)
3 Stängel Petersilie

1 Die Paprika waschen und vierteln, weiße Trennwände und Kerne entfernen. Die Paprikaviertel in mundgerechte Streifen schneiden. Die Kichererbsen in ein Sieb abgießen, kalt abbrausen und abtropfen lassen. Den Knoblauch schälen und fein hacken.

2 Das Öl in einem Topf erhitzen und das Hackfleisch darin bei starker Hitze krümelig braun braten. Mit Salz, Pfeffer, Chiliflocken, Zimt und Kreuzkümmelpulver würzen. Knoblauch und Paprika zugeben und ca. 3 Min. bei mittlerer Hitze mitbraten.

3 Die passierten Tomaten und die Kichererbsen dazugeben, alles ca. 10 Min. bei schwacher Hitze zugedeckt köcheln lassen. Inzwischen die Petersilie waschen und trocken schütteln, die Blättchen abzupfen und klein hacken. Das Chili mit Salz und Pfeffer abschmecken und mit der Petersilie garnieren.

Für 2 Personen • 20 Min. Zubereitung • Pro Portion ca. 875 kcal, 20 g E, 69 g F, 41 g KH

GEBRATENE AVOCADOS MIT COUSCOUS

AROMATISCH

200 ml Gemüsebrühe
100 g Couscous
2 reife Avocados
3 EL Olivenöl
2 Tomaten
2 Schalotten
3 Stängel Petersilie
2 EL Weißweinessig
1 EL Zitronensaft
Salz, Pfeffer
100 g Schafskäse (z. B. Feta)

1 Brühe aufkochen, den Couscous in einer Schüssel damit übergießen und zugedeckt ca. 5 Min. quellen lassen, bis die gesamte Flüssigkeit aufgesogen ist. Couscous zugedeckt warm halten. Inzwischen Avocados halbieren und Kerne entfernen.

2 In einer Pfanne 1 EL Öl erhitzen und die Avocadohälften darin mit der Schnittseite nach unten zugedeckt ca. 13 Min. bei schwacher Hitze braten, bis die Schnittseiten leicht gebräunt und die Avocados heiß sind. Inzwischen die Tomaten waschen, vierteln, von den Stielansätzen befreien und klein würfeln. Die Schalotten schälen und fein würfeln. Die Petersilie waschen, trocken schütteln, Blättchen abzupfen und klein hacken. Das übrige Öl (2 EL) mit Essig, Zitronensaft und Petersilie zu einem Dressing verrühren, mit Salz und Pfeffer abschmecken.

3 Couscous mit einer Gabel auflockern, mit Tomaten und Schalotten mischen, Dressing unterrühren. Gebratene Avocados auf der Schnittseite salzen und mit dem Couscous füllen, restlichen Couscous dazu servieren. Den Feta darüberbröseln.

TIPP
Für noch mehr Röstaromen kann man die Avocado auch in Stücke geschnitten braten. Dabei immer eine beschichtete Pfanne verwenden.

Für 2 Personen • 25 Min. Zubereitung • Pro Portion ca. 270 kcal, 15 g E, 12 g F, 23 g KH

SHAKSHUKA

AUS ISRAEL

1 Zwiebel
1 Knoblauchzehe
1 rote Paprika
1 kleine Dose Kidneybohnen (125 g Abtropfgewicht)
1 EL Olivenöl
1 TL edelsüßes Paprikapulver
½ TL gemahlener Kreuzkümmel
1 Dose stückige Tomaten (400 g)
Salz, Pfeffer
2 Eier
3 Stängel Petersilie

1 Zwiebel und Knoblauch schälen und klein würfeln. Die Paprika waschen und vierteln, weiße Trennwände und Kerne entfernen. Die Paprikaviertel in feine Streifen schneiden. Die Kidneybohnen in ein Sieb abgießen und abtropfen lassen.

2 Öl in einer Pfanne erhitzen. Zwiebel, Knoblauch und Paprika bei mittlerer Hitze ca. 5 Min. darin braten. Paprika- und Kreuzkümmelpulver darüberstäuben. Tomaten und Kidneybohnen zugeben, alles ca. 4 Min. offen köcheln lassen. Mit Salz und Pfeffer abschmecken.

3 Mit einem Esslöffel zwei Mulden in die Sauce drücken. Die beiden Eier in jeweils eine Mulde schlagen und alles bei schwacher Hitze zugedeckt ca. 8 Min. garen, bis die Spiegeleier leicht gestockt sind. Petersilie waschen und trocken schütteln, Blättchen abzupfen und darüberstreuen. Die Spiegeleier salzen und das Shakshuka servieren.

Für 2 Personen • 25 Min. Zubereitung • Pro Portion ca. 610 kcal, 16 g E, 21 g F, 87 g KH

BULGURSOTTO

HERBST-REZEPT

400 g Hokkaido-Kürbis
2 Frühlingszwiebeln
3 EL Olivenöl
1 TL gemahlener Koriander
1 TL gemahlener Kreuzkümmel
150 g Bulgur
400 ml Gemüsebrühe
1 Bio-Orange
4 Stängel Minze
150 g Joghurt
Salz

1 Den Kürbis waschen, die Kerne und das faserige Fruchtfleisch mit einem Esslöffel entfernen und das Kürbisfleisch mit Schale ca. 2 cm groß würfeln. Die Frühlingszwiebeln putzen, waschen und mitsamt Grün in feine Ringe schneiden.

2 2 EL Öl in einer Pfanne erhitzen. Die Kürbiswürfel unter Wenden ca. 5 Min. darin braten, bis sie leicht bräunen. Mit Koriander und Kreuzkümmel bestäuben. Bulgur unterrühren und die Brühe angießen. Alles ca. 10 Min. bei schwacher Hitze zugedeckt köcheln.

3 Inzwischen die Orange heiß waschen, trocken tupfen, 1 EL Schale abreiben und 120 ml Saft auspressen. Beides mit den Frühlingszwiebeln ca. 2 Min. vor Garzeitende unterrühren. Die Minze waschen und trocken schütteln, Blättchen abzupfen und fein hacken. Mit dem übrigen Öl (1 EL) unter den Joghurt rühren und mit Salz würzen. Das Bulgursotto mit dem Minzjoghurt servieren.

FLEISCH & FISCH

Für 2 Personen • 25 Min. Zubereitung • Pro Portion ca. 545 kcal, 47 g E, 15 g F, 53 g KH

HÄHNCHEN-COUSCOUS-PFANNE

EINFACH

2 große Möhren
300 g Hähnchenbrustfilet
2 EL Öl
Salz, Pfeffer
150 g TK-Blattspinat
2 EL Rosinen (ersatzweise getrocknete Cranberrys)
2 TL Currypulver
400 ml Hühnerbrühe
2 Frühlingszwiebeln
100 g Couscous
150 g Joghurt

1 Die Möhren putzen, schälen und schräg in ca. 3 mm dicke Scheiben schneiden. Das Hähnchenbrustfilet trocken tupfen und zuerst in ca. 3 cm dicke Scheiben schneiden, dann die Scheiben ca. 3 cm groß würfeln.

2 1 EL Öl in einer Pfanne erhitzen und das Hähnchenfleisch darin bei mittlerer Hitze unter ständigem Rühren hellbraun braten. Mit Salz und Pfeffer würzen, herausnehmen und zugedeckt warm halten. Das übrige Öl (1 EL) in der Pfanne erhitzen. Möhren darin unter Rühren bei mittlerer Hitze ca. 1 Min. andünsten. Dann den gefrorenen Spinat und die Rosinen zugeben, mit Salz und Currypulver würzen. Die Brühe dazugießen und alles bei mittlerer Hitze ca. 5 Min. zugedeckt garen.

3 Inzwischen die Frühlingszwiebeln putzen, waschen und mitsamt Grün in feine Ringe schneiden. Zum Möhren-Spinat-Gemüse geben und ca. 1 Min. mitdünsten. Das Hähnchenfleisch und den Couscous unterrühren. Die Pfanne vom Herd nehmen und den Couscous zugedeckt ca. 5 Min. quellen lassen. Dann alles mit einer Gabel auflockern und die Hähnchen-Couscous-Pfanne auf zwei Teller verteilen. Den Joghurt glatt rühren und darübergeben oder dazu reichen.

HONIG-ENTENBRUST MIT MANGOKOMPOTT

FÜR GÄSTE

Für 2 Personen • 30 Min. Zubereitung • Pro Portion ca. 815 kcal, 44 g E, 22 g F, 107 g KH

Salz
1 Lorbeerblatt
150 g Basmati-Reis
400 g Entenbrustfilet
4 EL flüssiger Honig
Pfeffer
1 reife Mango
1 EL Limettensaft
1 TL Chiliflocken
2 EL süße Chilisauce
3 Stängel Petersilie (nach Belieben)

1 Den Backofen auf 175° vorheizen. 300 ml Wasser im Wasserkocher aufkochen, in einen Topf umfüllen, ¼ TL Salz und das Lorbeerblatt hinzufügen (Bild 1). Erneut aufkochen lassen, den Reis zugeben und ca. 15 Min. zugedeckt garen.

2 Inzwischen das Entenbrustfilet trocken tupfen und die Haut mit einem scharfen Messer kreuzweise einschneiden, ohne dabei in das Fleisch zu schneiden (Bild 2). Eine Pfanne ohne Fett erhitzen, die Entenbrust mit der Hautseite nach unten hineinlegen und ca. 4 Min. kräftig anbraten, bis sie leicht gebräunt ist. Dann wenden (ohne in das rohe Fleisch zu stechen) und weitere 3 Min. braten. Die Entenbrust rundum mit 2 EL Honig bestreichen (Bild 3) und mit Salz und Pfeffer würzen.

3 Das Entenbrustfilet in eine ofenfeste Form legen und im heißen Ofen in ca. 10 Min. fertig garen. Inzwischen die Mango schälen, das Fruchtfleisch bis zum Stein in Scheiben abschneiden und ca. 2 cm groß würfeln (Bild 4). Mit dem übrigen Honig (2 EL), dem Limettensaft und den Chiliflocken in einen kleinen Topf geben. Alles unter Rühren aufkochen und ca. 5 Min. zugedeckt köcheln lassen. Die Chilisauce unterrühren.

4 Die Entenbrust aus dem Ofen nehmen, in ein Stück Alufolie einwickeln und ca. 5 Min. bei Raumtemperatur ruhen lassen. Inzwischen die Petersilie waschen, trocken schütteln, Blättchen abzupfen und klein hacken. Das Fleisch mit einem scharfen Messer schräg in ca. 1 cm breite Scheiben schneiden (Bild 5). Die Entenbrust mit dem Reis und dem Mangokompott auf zwei Tellern anrichten und mit der Petersilie bestreuen (Bild 6).

GU CLOU

Die Hautseite der Entenbrust schneidet man mit einem scharfen Messer rautenförmig ein, damit das Fett beim Braten austritt – so wird die Haut schön kross! Aber Achtung: Dabei nicht ins Fleisch schneiden, sonst geht Fleischsaft verloren, der für das zarte Innere sorgt. Durch das Bestreichen mit Honig erhält die Entenbrust eine schöne Farbe – und wird noch knuspriger.

Für 2 Personen • 25 Min. Zubereitung • Pro Portion ca. 720 kcal, 71 g E, 20 g F, 61 g KH

INGWER-HÄHNCHEN MIT LINSEN

AROMATISCH

2 Knoblauchzehen
20 g Ingwer
3 EL Öl
300 ml Gemüsebrühe
140 g rote Linsen
1 Bio-Limette
1 EL Sojasauce
2 EL Honig
2 Hähnchenbrustfilets
Pfeffer
Salz
½ Bund Koriandergrün

1 Knoblauch und Ingwer schälen und fein würfeln. 1 EL Öl in einem Topf erhitzen und jeweils die Hälfte Knoblauch und Ingwer darin glasig dünsten. Gemüsebrühe und Linsen zugeben, bei schwacher Hitze ca. 10 Min. zugedeckt garen. Inzwischen die Limette heiß waschen und trocken tupfen, die Schale abreiben und den Saft auspressen. Beides mit Sojasauce, Honig, 1 EL Öl und den Resten von Knoblauch und Ingwer verrühren.

2 Hähnchenfleisch trocken tupfen, mit Pfeffer würzen. Eine Pfanne mit dem übrigen Öl (1 EL) erhitzen, Fleisch bei starker Hitze beidseitig je ca. 3 Min. darin braten. Mit der Limetten-Marinade ablöschen und zugedeckt ca. 10 Min. garen. Danach offen weitergaren, bis die Flüssigkeit dicklich geworden ist, dabei das Fleisch mehrfach wenden und mit dem Sud übergießen. Linsen mit Salz und Pfeffer abschmecken. Koriander waschen, trocken schütteln, Blättchen abzupfen, klein hacken und über das fertige Gericht streuen.

Für 2 Personen • 25 Min. Zubereitung • Pro Portion ca. 735 kcal, 41 g E, 33 g F, 65 g KH

THAI-CURRY

ASIATISCH

Salz
150 g Basmati-Reis
250 g Hähnchenbrustfilet
4 Frühlingszwiebeln
1 rote Paprika
2 EL Sonnenblumenöl
1 EL rote Thai-Currypaste
1 kleine Dose Kokosmilch (200 g)
1 EL Sojasauce
1 EL Limettensaft
½ Bund Koriandergrün

1 300 ml Wasser im Wasserkocher aufkochen, in einen Topf umfüllen, ¼ TL Salz zugeben und erneut aufkochen. Reis nach Packungsanweisung ca. 15 Min. zugedeckt darin garen. Inzwischen das Fleisch trocken tupfen, erst in ca. 3 cm dicke Scheiben, dann in ca. 3 cm große Würfel schneiden. Frühlingszwiebeln putzen, waschen und mit Grün schräg in ca. 3 cm große Stücke schneiden. Paprika waschen, vierteln, putzen und in mundgerechte Streifen schneiden.

2 Eine Pfanne mit 1 EL Öl erhitzen, Fleisch ca. 3 Min. darin anbraten. Herausnehmen und übriges Öl (1 EL) darin erhitzen, die Paprika ca. 1 Min. darin braten. Currypaste einrühren, ca. 5 Sek. mitbraten, dann Fleisch und Kokosmilch zugeben. Aufkochen lassen, die Frühlingszwiebeln zugeben und ca. 4 Min. bei schwacher Hitze köcheln. Mit der Sojasauce und dem Limettensaft abschmecken. Koriander waschen und trocken schütteln, Blättchen abzupfen, klein hacken und über das Thai-Curry streuen. Mit dem Reis servieren.

Für 2 Personen • 30 Min. Zubereitung • Pro Portion ca. 565 kcal, 18 g E, 30 g F, 57 g KH

KASSELER MIT SCHUPFNUDELN UND BOHNEN

KLASSIKER

1 Zwiebel
250 g Kasseler (ohne Knochen)
3 EL Butter
200 g Schupfnudeln (Kühlregal)
200 g dicke TK-Bohnen
200 ml Rinderbrühe
1 TL getrocknetes Bohnenkraut
1 EL Speisestärke
50 g Schmand
Salz, Pfeffer
3 Stängel Petersilie (nach Belieben)

TAUSCH-TIPP
Anstelle der dicken Bohnen schmecken auch TK-Prinzessbohnen: einfach auf dieselbe Weise garen.

1 Die Zwiebel schälen und fein würfeln. Das Kasseler Fleisch erst in ca. 1 cm breite Scheiben schneiden, dann die Scheiben quer zur Faser in ca. 4 cm lange Streifen schneiden. 1 EL Butter in einer großen Pfanne erhitzen. Die Schupfnudeln ca. 5 Min. rundum bei mittlerer Hitze darin braten, bis sie leicht gebräunt sind. Danach aus der Pfanne nehmen.

2 1 EL Butter in der Pfanne erhitzen. Die Kasseler-Streifen unter Rühren ca. 2 Min. bei mittlerer Hitze darin anbraten, dann herausnehmen. Die Zwiebel mit der übrigen Butter (1 EL) in die Pfanne geben und glasig werden lassen. Die gefrorenen Bohnen hinzufügen und die Brühe dazugießen, mit Bohnenkraut würzen. Kurz aufkochen lassen, dann die Hitze reduzieren und die Bohnen zugedeckt ca. 8 Min. bei schwacher Hitze garen.

3 Inzwischen die Petersilie waschen und trocken schütteln, die Blättchen abzupfen und klein hacken. Die Speisestärke in einem Schälchen mit 3 EL Wasser glatt rühren, unter das Bohnengemüse mengen und alles unter Rühren einmal aufkochen lassen. Den Schmand, die Schupfnudeln und das Kasseler Fleisch dazugeben und vorsichtig untermischen. Alles zugedeckt in 1–2 Min. erhitzen. Mit Salz und Pfeffer abschmecken und mit Petersilie bestreuen.

Für 2 Personen • 25 Min. Zubereitung • Pro Portion ca. 540 kcal, 48 g E, 31 g F, 14 g KH

TAGLIATA MIT RUCOLA UND KIRSCHTOMATEN

AUS ITALIEN

2 Rumpsteaks (jeweils ca. 180 g)
Salz, Pfeffer
2 EL Olivenöl
200 g Kirschtomaten
2 Knoblauchzehen
1 EL Zucker
2 EL Aceto balsamico
10 schwarze Oliven (entsteint)
30 g Parmesan
1 kleines Bund Rucola (ca. 50 g)

1 Den Backofen auf 100° vorheizen. Die Rumpsteaks trocken tupfen, mit Salz und Pfeffer würzen. Zuerst eine Pfanne, dann 1 EL Öl darin stark erhitzen. Die Rumpsteaks auf jeder Seite je nach gewünschter Garstufe 2–4 Min. scharf darin anbraten. Die Steaks aus der Pfanne nehmen und auf einer ofenfesten Platte im Backofen warm halten.

2 Inzwischen die Tomaten waschen und trocken tupfen. Den Knoblauch schälen und fein würfeln. Die Pfanne mit Küchenpapier auswischen und das übrige Öl (1 EL) hineingießen. Den Knoblauch und die Tomaten zugeben, mit Zucker bestreuen und bei mittlerer Hitze ca. 3 Min. offen braten, bis die Haut der Tomaten aufgeplatzt ist. Dann mit Essig ablöschen, mit Salz und Pfeffer würzen und die Oliven zugeben.

3 Inzwischen den Parmesan mit einem Gemüsehobel oder einem Sparschäler in dünne Späne hobeln. Den Rucola waschen, trocken schütteln und die groben Stiele entfernen. Rucola auf zwei Teller verteilen. Steaks mit einem scharfen Fleischmesser in Scheiben schneiden und mit Balsamico-Tomaten und Oliven auf dem Rucola anrichten. Den Parmesan darüberstreuen.

Für 2 Personen • 25 Min. Zubereitung • Pro Portion ca. 715 kcal, 35 g E, 48 g F, 34 g KH

FRIKADELLEN MIT KARTOFFELSALAT

FÜR KINDER

500 g festkochende Kartoffeln
1 Zwiebel
2 EL Öl
200 ml Gemüsebrühe
300 g Schweinemett
3 TL mittelscharfer Senf
½ Salatgurke
½ Bund Schnittlauch
2 EL Weißweinessig
Salz, Pfeffer
2 EL saure Sahne

1 Die Kartoffeln schälen, waschen und in dünne Scheiben schneiden. Die Zwiebel schälen und klein würfeln. 1 EL Öl in einem Topf erhitzen und die Zwiebel darin glasig dünsten. Die Brühe zugießen, Kartoffelscheiben zugeben und in 10–15 Min. zugedeckt weich garen. Inzwischen das Schweinemett mit dem Senf mischen und vier Frikadellen daraus formen. Das übrige Öl (1 EL) in einer Pfanne erhitzen und die Frikadellen darin bei mittlerer Hitze auf beiden Seiten je nach Dicke in 8–12 Min. knusprig goldbraun braten.

2 Inzwischen die Gurke schälen und in dünne Scheiben schneiden, diese nach Wunsch noch halbieren. Schnittlauch waschen, trocken schütteln und in feine Röllchen schneiden. Die Kartoffeln vom Herd nehmen, den Essig unterrühren, mit Salz und Pfeffer würzen. Die Gurkenscheiben, den Schnittlauch und die saure Sahne unterrühren und den lauwarmen Kartoffelsalat zu den Frikadellen servieren.

Für 2 Personen • 30 Min. Zubereitung • Pro Portion ca. 790 kcal, 49 g E, 46 g F, 45 g KH

BBQ-PORK MIT HUMMUS

EXOTISCH

1 Dose Kichererbsen (240 g Abtropfgewicht)
2 Knoblauchzehen
3 EL Tahin (Sesampaste)
3 EL Zitronensaft
5 EL Olivenöl
Salz, Pfeffer
1 kleine Dose Mais (140 g Abtropfgewicht)
2 Tomaten
2 Frühlingszwiebeln
2 Schweineschnitzel (jeweils ca. 150 g)
80 ml (smoked) Barbecuesauce

1 Für den Hummus die Kichererbsen in ein Sieb abgießen, kalt abbrausen und abtropfen lassen. Den Knoblauch schälen und grob hacken, mit den Kichererbsen, Tahin, 2 EL Zitronensaft, 2 EL Öl und 40 ml Wasser in einen Rührbecher geben. Alles mit einem Pürierstab fein pürieren, mit Salz und Pfeffer würzen. Für die Salsa den Mais abgießen und abtropfen lassen. Tomaten waschen, vierteln, von den Stielansätzen befreien und klein würfeln. Frühlingszwiebeln putzen, waschen und mitsamt Grün in feine Ringe schneiden. Mais, Tomaten und Frühlingszwiebeln mit 2 EL Öl und dem übrigen Zitronensaft (1 EL) mischen, salzen und pfeffern.

2 Die Schweineschnitzel trocken tupfen und quer zur Faser in feine Streifen schneiden. Das übrige Öl (1 EL) in einer Pfanne erhitzen. Das Fleisch ca. 5 Min. rundum darin anbraten, dann salzen und pfeffern. Die Barbecuesauce unterrühren, vom Herd nehmen und das BBQ-Pork mit Hummus und Salsa anrichten.

Für 2 Personen • 25 Min. Zubereitung • Pro Portion ca. 610 kcal, 35 g E, 39 g F, 31 g KH

SPICY LACHS AUF MÖHREN-FENCHEL-GEMÜSE

SCHARF

1 Knoblauchzehe
400 g Fenchel
2 große Möhren (ca. 200 g)
1 Bio-Orange
3 EL Olivenöl
Salz, Pfeffer
2 EL Zitronensaft
2 EL flüssiger Honig
1 TL Chiliflocken
2 Lachsfilets (jeweils ca. 160 g)

1 Den Knoblauch schälen und in dünne Scheiben schneiden. Den Fenchel waschen und putzen. Das Fenchelgrün waschen, trocken tupfen, klein hacken und beiseitelegen. Die Fenchelknollen halbieren und den harten Strunk herausschneiden. Die Hälften längs in schmale Streifen schneiden. Die Möhren putzen, schälen und schräg in dünne Scheiben schneiden. Die Orange heiß waschen und trocken tupfen, 1 TL Schale abreiben und 100 ml Saft auspressen.

2 In einer Pfanne 2 EL Öl erhitzen. Knoblauch, Fenchel und Möhren ca. 1 Min. bei mittlerer Hitze darin andünsten. Dann Orangensaft und -abrieb zugeben und alles ca. 10 Min. zugedeckt dünsten. Mit Salz und Pfeffer würzen.

3 Inzwischen den Zitronensaft mit dem Honig verrühren, mit grob gemahlenem Pfeffer und Chiliflocken würzen. Die Lachsfilets trocken tupfen und salzen. Das übrige Öl (1 EL) in einer Pfanne erhitzen und den Fisch bei mittlerer Hitze ca. 3 Min. darin braten. Dann wenden und in weiteren 3 Min. fertig braten.

4 Den Fisch in der Pfanne mit der Honig-Chili-Marinade bestreichen, dabei die Fischfilets mehrmals wenden und immer wieder mit der Marinade übergießen, sodass sie vollständig davon überzogen sind. Die Lachsfilets mit dem Möhren-Fenchel-Gemüse auf Tellern anrichten, die übrige Marinade darüberträufeln und alles mit dem Fenchelgrün bestreuen.

Für 2 Personen • 25 Min. Zubereitung • Pro Portion ca. 655 kcal, 39 g E, 30 g F, 56 g KH

FISCH MIT ERBSENPÜREE

EINFACH

500 g mehligkochende Kartoffeln
Salz
200 g TK-Erbsen
1 Bio-Zitrone
2 Fischfilets (je ca. 180 g, ohne Haut, z. B. Rotbarsch oder Seelachs)
2 EL Mehl
Pfeffer
1 EL Sonnenblumenöl
50 ml Milch
2 EL Butter
frisch geriebene Muskatnuss

1 Für das Püree die Kartoffeln schälen, waschen und in grobe Stücke schneiden. In Salzwasser zugedeckt ca. 15 Min. kochen. Die gefrorenen Erbsen dazugeben und alles ca. 3 Min. bei schwacher Hitze garen, danach abgießen.

2 Inzwischen Zitrone heiß waschen und trocken tupfen, 1 TL Schale abreiben und 2 EL Saft auspressen. Die Fischfilets trocken tupfen. Das Mehl mit jeweils ½ TL Salz und Pfeffer mischen. Die Fischfilets vorsichtig in der Mehlmischung wenden. Das Öl in einer Pfanne erhitzen und die Fischfilets bei mittlerer Hitze ca. 3 Min. darin braten. Dann wenden und in weiteren 3 Min. fertig braten.

3 Inzwischen Kartoffeln und Erbsen mit einem Kartoffelstampfer zerdrücken. Milch und Butter in einem Topf erhitzen, die Kartoffel-Erbsen-Mischung unterrühren. Das Püree mit Salz, Muskatnuss, Zitronensaft und -abrieb abschmecken und zu den Fischfilets servieren.

Für 2 Personen • 25 Min. Zubereitung • Pro Portion ca. 595 kcal, 40 g E, 45 g F, 8 g KH

FISCH-SALTIMBOCCA MIT SPINAT

LOW CARB

1 Zwiebel
1 Knoblauchzehe
2 EL Butter
300 g TK-Blattspinat
100 g Sahne
2 Fischfilets (je ca. 180 g, ohne Haut, z. B. Rotbarsch oder Seelachs)
6 Blätter Salbei
Pfeffer
6 Scheiben luftgetrockneter Schinken (z. B. Parma- oder Serranoschinken)
½ Bio-Zitrone
Salz

1 Zwiebel und Knoblauch schälen, fein würfeln. 1 EL Butter in einem Topf schmelzen, Zwiebel und Knoblauch darin bei mittlerer Hitze andünsten. Den gefrorenen Spinat und 50 ml Wasser zugeben, alles zugedeckt ca. 8 Min. garen. Sahne zugießen und ca. 1 Min. weitergaren. Inzwischen Fischfilets in sechs gleich große Stücke schneiden. Salbeiblätter sauber reiben. Fischstücke pfeffern (wegen des Schinkens nicht salzen) und mit jeweils 1 Salbeiblatt belegen. Dann jeweils 1 Scheibe Schinken fest um die Fischstücke wickeln.

2 Die übrige Butter (1 EL) in einer Pfanne schmelzen. Die Fischpäckchen mit der Schinken-Nahtstelle nach unten bei mittlerer Hitze ca. 3 Min. darin braten. Wenden und in ca 3 Min. fertig braten. Vom Herd nehmen und zugedeckt ca. 1 Min. ziehen lassen. Die Zitrone heiß waschen, trocken tupfen und in Spalten schneiden. Den Spinat mit Salz und Pfeffer abschmecken und mit dem Fisch-Saltimbocca servieren. Die Zitronenspalten zum Beträufeln dazu reichen.

REGISTER

Vegetarische Rezepte, die im Buch mit einem gekennzeichnet sind, sind hier grün abgesetzt.

Abkürzungsverzeichnis:
E = Eiweiß
EL = Esslöffel (gestrichen)
F = Fett
kcal = Kilokalorien
KH = Kohlenhydrate
TK = Tiefkühl
TL = Teelöffel (gestrichen)

Projektleitung: Linh Nguyen
Lektorat: Julia Genazino
Korrektorat: Ulrike Wagner
Gesamtgestaltung: independent Medien-Design, München: Horst Moser (Artdirection), Lucie Heselich, Svenja Wamser
Herstellung: Renate Hutt
Satz: Kösel, Krugzell
Reproduktion: medienprinzen GmbH, München
Druck und Bindung: Firmengruppe APPL, aprinta druck, Wemding
Syndication: www.seasons.agency
Printed in Germany

1. Auflage 2019
ISBN 978-3-8338-7145-0

www.facebook.com/gu.verlag

GRÄFE UND UNZER

Ein Unternehmen der
GANSKE VERLAGSGRUPPE

DIE AUTORIN

Hildegard Möller ist Oecotrophologin, Foodjournalistin und Autorin vieler Kochbücher. Sie entwickelt Rezepte für verschiedene namhafte Zeitschriften und Verlage. Ihre Spezialität sind alltagstaugliche, gesunde und zugleich sehr schmackhafte Rezepte.

DER FOTOGRAF

Klaus Arras hegt eine Leidenschaft für gutes Essen und hat ein Händchen dafür, jedes Gericht im besten Licht zu präsentieren. Für dieses Buch wurde er von **Katja Briol** (Foodstyling) tatkräftig unterstützt.

BILDNACHWEIS

Klaus Arras: S. 06-59 und Stepfotos auf den Klappen
Coco Lang: S. 01, S. 05 und Stillleben auf den Klappen
Coverfoto: Silvio Knezevic
Autorenfoto: Picture People

Umwelthinweis:
Dieses Buch ist auf PEFC-zertifiziertem Papier aus nachhaltiger Waldwirtschaft gedruckt.

QUALITÄTS G|U GARANTIE

LIEBE LESERINNEN UND LESER,

wir wollen Ihnen mit diesem Buch Informationen und Anregungen geben, um Ihnen das Leben zu erleichtern oder Sie zu inspirieren, Neues auszuprobieren. Wir achten bei der Erstellung unserer Bücher auf Aktualität und stellen höchste Ansprüche an Inhalt und Gestaltung. Alle Anleitungen und Rezepte werden von unseren Autoren, jeweils Experten auf ihrem Gebiet, gewissenhaft erstellt und von unseren Redakteuren/innen mit größter Sorgfalt ausgewählt und geprüft.

Haben wir Ihre Erwartungen erfüllt? Sind Sie mit diesem Buch und seinen Inhalten zufrieden? Haben Sie weitere Fragen zu diesem Thema? Wir freuen uns auf Ihre Rückmeldung, auf Lob, Kritik und Anregungen, damit wir für Sie immer besser werden können. Und wir freuen uns, wenn Sie diesen Titel weiterempfehlen, in Ihrem Freundeskreis oder online.

Sollten wir Ihre Erwartungen so gar nicht erfüllt haben, tauschen wir Ihnen Ihr Buch jederzeit gegen ein gleichwertiges zum gleichen oder ähnlichen Thema um.

KONTAKT

GRÄFE UND UNZER VERLAG
Leserservice
Postfach 86 03 13
81630 München
E-Mail: leserservice@graefe-und-unzer.de

Telefon: 0 08 00 / 72 37 33 33*
Telefax: 0 08 00 / 50 12 05 44*
Mo – Do: 9.00 – 17.00 Uhr
Fr: 9.00 – 16.00 Uhr (*gebührenfrei in D,A,CH)

APPETIT AUF MEHR?

ISBN 978-3-8338-7071-2

ISBN 978-3-8338-6879-5

ISBN 978-3-8338-7076-7

ISBN 978-3-8338-7073-6

ISBN 978-3-8338-7077-4

ISBN 978-3-8338-6852-8

Alle hier vorgestellten Bücher sind auch als eBook erhältlich.

G|U

Mehr von GU auf **www.gu.de** und **facebook.com/gu.verlag**

DIE »GU KOCHEN PLUS«-APP

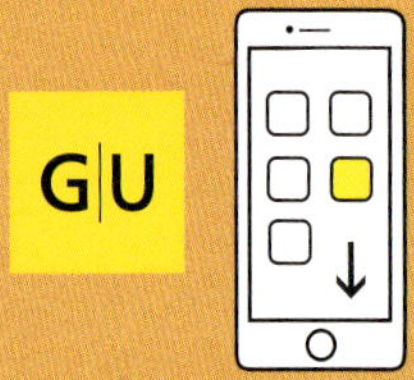

1 APP HERUNTERLADEN

Laden Sie die kostenlose »GU Kochen Plus«-App im Apple App Store oder im Google Play Store auf Ihr Smartphone. Starten Sie die App und wählen Sie Ihren Küchenratgeber aus.

2 REZEPTBILD SCANNEN

Scannen Sie das gewünschte Rezeptbild mit der Kamera Ihres Smartphones. Klicken Sie im Display die Funktion Ihrer Wahl.

3 FUNKTIONEN NUTZEN

Sammeln Sie Ihre Lieblingsrezepte. Speichern und verschicken Sie Ihre Einkaufslisten. Oder nutzen Sie den praktischen Supermarkt-Finder und den Rezept-Planer.